So lebt

Regensburg

Der perfekte Reiseführer für einen unvergesslichen Aufenthalt in Regensburg

inkl. Insider-Tipps, Tipps zum Geldsparen und Packliste

Wiebke Hofmann

Alle Ratschläge in diesem Buch wurden sorgfältig erwogen und geprüft. Eine Garantie kann dennoch nicht übernommen werden. Eine Haftung für jegliche Personen-, Sach- und Vermögensschäden ist daher ausgeschlossen. Die Benutzung dieses Buches und die Umsetzung der darin enthaltenen Informationen erfolgt ausdrücklich auf eigenes Risiko.

✈ INHALT

Das erwartet Sie in diesem Buch

Sie kennen bestimmt die standardmäßigen Reiseratgeber, die es in jedem Buchladen zu kaufen gibt. Schon beim Lesen nach den ersten paar Seiten lässt sich ein Gähnen nicht vermeiden und es fallen einem die Augen zu. Was auch kein Wunder ist, denn solche Ratgeber sind meist sehr sachlich und ohne jeglichen Humor geschrieben. Warum müssen diese Reiseratgeber immer so langweilig sein? Könnten diese nicht auch einmal etwas anders formuliert und gestaltet werden?

Was meinen Sie dazu?

Ich habe mir diese Frage auch gestellt und bin zu dem Entschluss gekommen, dass man durchaus solche Ratgeber anders schreiben kann. Humorvoller, nicht ganz so sachlich, aber dennoch sehr informativ.

Der von mir geschriebene Ratgeber ist ein ganz besonderer, bei dem Sie garantiert während des Lesens nicht einschlafen werden. Denn hier handelt es sich nicht um einen dieser langweiligen üblichen Reiseratgeber. Nein, dieser hier ist einmal was ganz anderes.

Nun fragen Sie sich sicher, um welches Land oder um welche Stadt es in dem von mir geschriebenen Reiseratgeber geht.

Ich habe eine ganz besondere Stadt gewählt, in der ich selbst jahrelang gelebt habe und Ihnen somit aus eigener Erfahrung das aufregende und spannende Leben in dieser geschichtsträchtigen Stadt erzählen kann.

Nun, dieser besondere Reiseratgeber handelt von der schönen Stadt Regensburg. Sie ist auch unter dem lateinischen Namen "Castra Regina" bekannt. Die Geschichte dieser Römerstadt geht bis ins

Mittelalter zurück.

Sie werden daher sehr viel über die Entwicklung von Regensburg erfahren, aber auch hilfreiche und interessante Tipps, die Ihnen bei einem Städtetrip nach Regensburg sicher helfen werden.

Na, sind Sie schon neugierig geworden? Dann warten Sie nicht lange, tauchen Sie in eine Welt voller Geschichten ein, aber auch voller nützlicher und hin und wieder humorvoller Informationen dieser heute bekannten Studentenstadt namens Regensburg.

Die Stadt Regensburg

WAS DIESE STADT AUSZEICHNET

Die Stadt Regensburg ist eine ganz besondere Stadt. Sie liegt am nördlichsten Punkt der Donau. Regensburg ist eine malerische Hauptstadt in der Oberpfalz mit italienischem Flair.

Ein Spaziergang durch die Altstadt, besonders durch die kleinen Gässchen, erinnern Sie bestimmt an Italien. Auch die bunten runden Patriziertürme, die etwas krumm und schief geraten sind, versprühen diesen besonderen italienischen Charme, der bei so manch einem sofort Erinnerungen an den vergangenen Italienurlaub weckt.

Wir begeben uns auf eine Art Zeitreise, denn die Architektur verschiedener Jahrhunderte prägen das Stadtbild. Auch Überreste vom alten Rom sind noch sichtbar, wie z. B. die Römermauer. Regensburg zeichnet zudem auch aus, dass sie die einzige Stadt ist, in der noch Werke aus dem Mittelalter so gut erhalten sind.

DAS BESONDERE AN DIESER STADT

Nun kommen wir dazu, was Regensburg so besonders macht. Die heutige Studentenstadt wird geprägt von ihren altertümlich gut erhaltenen Bauten, die bis ins Mittelalter reichen.

Regensburg bietet aber nicht nur diese besonderen Bauten, die uns auf eine Zeitreise mitnehmen, sondern sie hat noch so viel mehr zu bieten. Unter anderem die besondere Küche. Es ist für jedermann etwas dabei. Besonders bekannt und bei allen Touristen beliebt, ist die historische Wurstküchl. Diese ist eine der Urgesteine, die man hier findet. Dort gibt es Bratwürste im schwarzen Kipferl, selbstgemachten Senf, aber auch ein deftiges selbstgemachtes

Sauerkraut. Auch der Dampfnudel Uli ist eines dieser Urgesteine, was zum Schlemmen einlädt. Er ist nicht nur bei den Touristen sehr beliebt, sondern auch bei den Regensburgern selbst. Auch der ein oder andere bekannte Star hat sich schon einmal dorthin verirrt. Hier gibt es einfach die besten bayerischen Dampfnudeln, wie bei Oma zu Hause.

Natürlich hat die historische Stadt auch viele Cafés und Bars zu bieten, wo auch Morgenmuffel sogar bis 18 Uhr frühstücken können. Bekannte und tolle Cafés sind z. B. das Café Lila und das Café Felix. Dort werden Sie sich sicher wohlfühlen und können dort auch zu später Stunde noch lecker essen.

Regensburg hat auch sehr viele Grünflächen, die zum Erholen und Verweilen einladen. Für die Sportler unter uns gibt es sehr viele Laufwege. Im Herzogspark, nahe am Stadtrand, können Sie es sich im Sommer gemütlich machen und die Sonne sowie die Ruhe genießen. Auch der Stadtpark in Regensburg ist sehr schön und hat sogar ein Café namens „Unter den Linden", wo Sie sich auch mal niederlassen können.

Regensburg ist von einem Grüngürtel und einer steinernen Mauer umgeben, was die Stadt so besonders macht.

Wenn es Ihnen im Sommer bei diesem Städtetrip mal zu heiß wird, können Sie auch zu einem der nahegelegenen Seen gehen, wo Sie sich an einem heißen Sommertag in dieser bayerischen Kulturstadt abkühlen können.

Auch das Nachtleben kommt in Regensburg nicht zu kurz. Sie bietet sehr viele Bars. Fast an jeder Ecke befindet sich eine Bar. Die Stadt ist nämlich bekannt für ihre große Kneipendichte.

Wenn Sie, anstatt gemütlich in einer Bar zu sitzen, lieber feiern und tanzen wollen, gibt es natürlich auch eine Auswahl an Diskotheken. Wenn Sie zu der ganz gemütlichen Sorte gehören, gibt es für Sie auch Locations, wo Sie den Abend bei einem Glas Wein ausklingen lassen können. Hierzu würde ich Ihnen das Café Alex oder das Heupot empfehlen. Sie sehen schon, Regensburg hat für jedermann etwas passendes dabei.

Bekannt und besonders an dieser Stadt sind auch die Domspatzen. Dieser Chor ist einer der ältesten Chöre auf der ganzen Welt.

Außerdem finde ich die kleinen romantischen Gässchen, wie z. B. das Poetengässchen oder das Einhorn- und Posthorngässchen, ganz besonders eindrucksvoll. Regensburg bietet daher auch eine gute Fotokulisse, falls Sie gerne fotografieren. Auch können Sie an einer tollen Stadtführung teilnehmen oder aber, wenn Sie lieber sitzen wollen, gibt es auch die Möglichkeit, diese Führung mit einer Citybahn zu machen, für die ganz Faulen unter uns.

In der Umgebung gibt es auch besondere Sehenswürdigkeiten, welche die Stadt so besonders machen. Da wäre zum einen die Walhalla und zum anderen die Befreiungshalle. Auf diese Attraktionen und auf noch viele weitere gehe ich aber später noch mal genauer ein.

Die Geschichte von Regensburg

DIE ENTWICKLUNG DER HISTORISCHEN STADT IM LAUFE DER ZEIT

N un muss ich leider doch etwas Geschichte mit einbringen. Ich verspreche Ihnen aber, dass diese kurzgehalten wird. Aber ich finde schon, dass der geschichtliche Hintergrund dieser Stadt wichtig ist. Zuerst erfahren Sie etwas über die Entwicklung.

Die Geschichte dieser Stadt ist über zwei Jahrtausende alt, geprägt von Höhen und Tiefen.

Seit der Steinzeit

In diesem Jahrhundert ist der Regensburger Donaubogen besiedelt worden. Als ältester Name von Regensburg wurde der Name Radasbona überliefert. Dieser kam von den Kelten.

Gegen 90 n. Chr.

Ein römischer Kohorter – Kartell wurde im heutigen Kumpfmühl errichtet.

179 n. Chr.

Das römische Legionslager Castra Regina wurde geplündert. In dieser Zeit regierte der Kaiser Marc Aurel.

6. Jahrhundert n. Chr.

Castra Regina wurde Regensburger Herzogresidenz der Aloifinger und die erste bayerische Hauptstadt 739 n. Chr. hat Kaiser Karl der Große den Herzog Tasillo IIII abgesetzt. Dies war einer der letzten Aloifinger.

11. und 12. Jahrhundert

Ein Kreuzfahrheer sammelte sich zu dieser Zeit dreimal und brach zu seinem Heiligen Land auf.

12. und 13. Jahrhundert

In diesem Jahrhundert war die wirtschaftliche Blütezeit durch den Fernhandel bis nach Paris, Venedig und Kiew.

Dies machte Regensburg zu einer der wohlhabendsten und einwohnerstärksten Städte, die es damals gab. Die aus diesem Jahrhundert stammende gotische Architektur prägt heute noch die Stadt.

1135 – 1146

In diesem Jahrhundert wurde die Steinerne Brücke gebaut. Dies war ein mittelalterliches Bauwerk, das ein Vorbild für viele weitere Brückenbauten war - unter anderem für die Karlsbrücke in Paris.

1180

Heinrich der Löwe wurde in diesem Zeitalter von Kaiser Barbarossa abgesetzt. Nun waren die Wittelsbacher Bayerns Herrscherfamilie.

1245

Kaiser Friedrich II. hat der Stadt Regensburg in diesem Jahr das Recht der Selbstverwaltung verliehen. Regensburg hatte nun das Privileg, einen Bürgermeister und einen Rat zu setzen. Somit war die mittelalterliche Stadt bis 1803 eine freie Reichsstadt.

1542

Der Rat der Stadt nahm die evangelische Konfession an.

1630

Der bekannte Astronom namens Johannes Kepler starb an einer schweren Erkrankung.

1633 – 1634

Regensburg wurde im 30-jährigen Krieg von Schweden erstürmt und von bayerischen und kaiserlichen Truppen zurückerobert.

1806

In diesem Jahr wurde das „Heilige Römische Reich Deutscher Nation" in Regensburg aufgelöst.

1830

Regensburg wurde zur Hauptstadt der Oberpfalz.

1855

In diesem Jahr war die Eröffnung der Bahnlinien nach München und Nürnberg.

1910

Der Luitpoldhafen wurde eröffnet, was heute der Westhafen ist.

1938

In der Reichskristallnacht wurde die Synagoge zerstört.

1943

Es fand ein großer Luftangriff statt. Dieser forderte 408 Todesopfer.

1945

Die Donaubrücken wurden gesprengt. Regensburg wurde durch amerikanische Truppen besetzt.

1960

In diesem Jahr wurde der Osthafen gebaut.

1992

Das Universitätsklinikum wurde eröffnet.

1998

In diesem Jahr fand die Eröffnung des Thurn und Taxi-Museums statt.

2006

Papst Benedikt XVI war in Regensburg zu Besuch.

So, jetzt reicht es aber mit den ganzen Zahlen.

DIE MITTELALTERLICHE ALTSTADT

Ich erzähle Ihnen nun etwas über die Zeit im Mittelalter. Wie bereits erwähnt, war Regensburg

die einzige Großstadt in Deutschland, in der die Werke aus dem Mittelalter noch so gut erhalten waren.

Im Mittelalter war Regensburg das politische Zentrum des Heiligen Römischen Reiches. Es blühte in dieser Zeit das Handelszentrum.

Die öffentlichen Gebäude, Wohnbauten, Handwerkshäuser, Anlagen der Kirchen, die Klöster und die Schiffe bildeten den baulichen Rahmen der mittelalterlichen Kultur.

Der heute bekannte Neupfarrplatz, wo es leckeres Eis zu kaufen gibt, Boutiquen und ein Wochenmarkt den Platz füllen, war früher im Mittelalter das Ghetto (abgetretenes Judenviertel).

Da es damals im Mittelalter das abgetretene Judenviertel war, möchte ich Ihnen auch kurz von den Juden in Regensburg erzählen.

Bereits im Jahre 1000 war in der Stadt eine Gemeinde der Juden. Diese hatten eine Synagoge, eine Schule, ein Zivilgericht und sogar einen Friedhof bei Großberg. Im Jahre 1080 lebten Rabbiner, aber auch

Dichter in Regensburg.

Die Juden handelten auch mit Russland und Ungarn, diese waren sozusagen die jüdischen Kaufleute dieser Römerstadt. Das Leben bei uns war aber sehr an ein Vielfaches an Steuerleistungen gebunden. Im 15. Jahrhundert konnten die Juden aber ihre Steuern nicht mehr bezahlen und die Gemeinde war von 1476 bis 1480 wirtschaftlich ruiniert.

Es kamen Verfolgungen und Unterdrückungen hinzu. Das Wohnrecht wurde dann auf das Ghetto beschränkt. Dieses hatte insgesamt 40 Wohneinheiten. Sie mussten außerdem so genannte Trachten tragen. Auch aus Augsburg, Nürnberg und Österreich suchten Juden in Regensburg Schutz.

Dies ging eine Zeit lang gut, aber ab der zweiten Hälfte des 15. Jahrhunderts kippte die Stimmung auch in dieser Stadt und die Juden wurden unter anderem beschuldigt, Ritualmorde an Christenkindern begangen zu haben.

Im März 1476 wurden weitere jüdische Mitglieder der Gemeinde von Regensburg angeklagt. Wieder sollen sie Christenkinder ermordet haben. Daraufhin wurde das Viertel abgesperrt und kurze Zeit später wurden weitere Mitglieder der Synagoge beschuldigt und unter Schutzhaft genommen. Kaiser Friedrich III nahm sie in Schutz und beantragte die Freilassung dieser gefangenen Juden. Im Jahre 1519 wurden die Juden dann vertrieben. Die Synagoge wurde vollständig zerstört und es entstand an diesem Platz eine Wallfahrtskirche.

Im 18. Jahrhundert kehrten aber Juden zurück, daraufhin wurde im Jahr 1912 eine neue Synagoge ein paar Straßen weiter errichtet. Leider wurde diese prächtige Synagoge 26 Jahre später in der Reichspogromnacht im Jahre 1938 in Brand gesteckt und dadurch vollkommen zerstört.

Am 27. Februar 2019 wurde eine neue Synagoge in Regensburg eröffnet.

DER RÖMISCHE BACKGROUND

Regensburg hat auch einen römischen Background. Der Name „Castra Regina" stammt aus dieser Zeit. Die Römerstadt wurde in den Jahren 121–180 von dem Kaiser Marc Aurel regiert. Am nördlichsten Punkt der Donau lag das Legionslager „Castra Regina". Regensburg ist eine der wenigen Städte, in der die Zeit bis in die Römerzeit reicht. Militärisch haben zu dieser Zeit ca. 6.000 Soldaten die Donaugrenze verteidigt. Fast 300 Jahre lang konnten die Römer sich behaupten. In der Zeit der Völkerwanderung mussten sie aber dann aufgeben.

Selbst 2.000 Jahre später sind noch Überreste aus dieser Zeit sichtbar - wie Teile der Stadtmauer oder Porta praetoria, das einzige Römische Tor in ganz Deutschland.

Ein römischer Tempel konnte in der Stadt nicht nachgewiesen werden. Aber außerhalb der Stadt befindet sich der Merkurtempel. Bei der Ausgrabung dieses Tempels fand man eine Kultstatue des Gottes. Diese war 92 Zentimeter hoch. Eine Inschrift ist an diesem Tempel angebracht, die ein Heiligtum des Liber Pater belegt.

Außer dem Castra Regina Legionslager befand sich dort ein weiteres Legionslager aus der römischen Zeit. Bei Großprüfening an der Donau war dieses Lager mit einer umfangreichen Zivilsiedlung zu finden. Dieser Ort wurde aber vermutlich im 3. Jahrhundert von Alamannen zerstört.

Damals waren die Römer hervorragend strukturiert, was auch das Lagerleben betraf. Eine Großeinheit der Römer war in 10 Kohorten gegliedert. Aus diesen Kohorten entstanden wieder sogenannte Hundertschaften. Diese umfassten insgesamt 80 Soldaten, der Rest setzte sich aus Ärzten, Verwaltungssoldaten sowie Handwerkern zusammen. Diese Lager wurden selbst gebaut. Dies war damals nicht so leicht. Nach dem Bau wurden dann die Lager eingeweiht und auch eine Steininschrift ließ der Legionskommandeur anbringen.

Solch eine Steininschrift war bis zu 10 Meter lang. Diese kann man im Museum noch bestaunen. Die Römer hatten einiges geleistet.

Die Bewohner Regensburgs

DAS VERHALTEN DER BEWOHNER

Was Sie aber nun bestimmt nach alldem geschichtlichen Kram interessieren müsste, sind die Bewohner selbst, die hier leben und die Sie bei einem Städtetrip nach Regensburg kennenlernen werden. Kommen wir erst einmal zum Verhalten der hier lebenden Menschen. Die Regensburger sind sehr eigenwillige Menschen. Erstmal wirken sie in ihrem Verhalten auf andere Mitmenschen sehr abweisend und kühl. Aber wenn Sie sich länger mit den Bewohnern dieser Stadt unterhalten, merken Sie schnell, dass diese Menschen hier ein großes Herz haben. Sie beteiligen sich gerne ehrenamtlich und nehmen häufig an Projekten von Hilfsorganisationen teil. Allgemein betrachtet, haben die Bewohner dieser Stadt ein großes hilfsbereites Verhalten.

DIE SITTEN UND GEBRÄUCHE DER STUDENTENSTADT

Natürlich will ich Ihnen die Sitten und Gebräuche nicht vorenthalten. Aber seien Sie gewarnt, denn diese können manchmal etwas gruselig sein. Ich hoffe, Sie lieben es, sich ein wenig zu gruseln.

Bräuche kommen hier in Regensburg am meisten in den Raunächten vor, was allgemein eine etwas düstere Zeit ist. Der Thomaslauf durch die Altstadt ist eines dieser Bräuche. Hier laufen verkleidete Leute mit gruseligen Masken umher. Anzutreffen sind unter anderem die Raunachtgestalten wie z. B. Hexen und Perchten.

In der Adventszeit kommen sehr viele Sitten und Gebräuche vor. Einer dieser Bräuche ist der wohl bekannteste Brauch, nicht nur bei den Regensburgern, es ist der Adventskranz mit den vier

Kerzen.

Diese Kerzen werden jeweils zum Adventssonntag angezündet. Hierbei gibt es die Bedeutung, dass der Kranz das Symbol der Hoffnung ist. Das frische Grün, aus dem der Kranz gemacht ist, steht für die Fruchtbarkeit. Die roten Kerzen stellen das Blut Christi dar und das Licht der Kerzen stellt das „Licht der Welt", welches die Erde erleuchtet, dar.

Auch der Brauch „Ein Strohhalm für jede gute Tat" ist in Regensburg früher üblich gewesen. Zwar ist er veraltet, dennoch sehr schön. Es ist ein Brauch speziell für Kinder. In der Weihnachtszeit holte man vom Dachboden eine Krippe und stellte diese in die Stube. Die leere Krippe wartete darauf, dass sie mit Strohhalmen befüllt wurde, damit das Jesuskind weich gebettet war. Für jeden Tag, wo das Kind brav war, durfte es einen Strohhalm in die Krippe legen.

Außerdem gab es auch die heilige Luzia. Am 13. Dezember war der Luzientag. In der damaligen Winterzeit starb die Luzia den Märtyrertod. Dazu gab es die schiache Luzia, diese ist im Gegensatz zur Luzia, die in der dunklen Winterzeit Licht bringt, böse. Die Schiache Luz wandert im Winter umher, vor allem in den Raunächten. Es war eine sehr furchteinflößende Gestalt. Sie lauerte in der Nacht zum 13. Dezember bösen Kindern und faulen Mägden auf. Aus Furcht vor ihr blieben die jungen Mädchen und Frauen zu Hause. Es wurden zum Schutz die Häuser ausgeräuchert.

Na, haben Sie sich gegruselt?

DIE EIGENHEITEN DER BEWOHNER

Nun erzähle ich Ihnen etwas über die Eigenheiten der Bewohner von Regensburg.

Zweimal im Jahr treffen Sie die Regensburger in Trachten an. Die Mädchen und Frauen tragen ein Dirndl und die Jungen und Männer Lederhosen und Holzfällerhemden. Dies ist den Menschen hier sehr wichtig.

Die Einstellung der Regensburger ist etwas gewöhnungsbedürftig. Denn einem Regensburger ist das Weltgeschehen wumpe, sprich egal. Die Menschen, die hier leben, haben alle die Ruhe weg. Sie sind zudem sehr selbstgefällig. Sie wollen einfach ihre Ruhe.

Eigenheiten sind auch, dass die Bewohner hier sehr mürrisch sein können, meist sind es die älteren Herren. Diese können richtige Grantler sein. Aber glauben Sie mir, hinter jedem grantigen Murren steckt auch ein positiver Humor.

TYPISCHE WORTGEBRÄUCHE

Bei einem Aufenthalt in dieser Stadt sollten Ihnen auch ein paar typische Wortgebräuche bekannt sein.

Hier eine kleine Liste:

Bayerischer/ Regensburger Wortgebrauch	Bedeutung
passt schon	die Situation beruhigen
Allmächt	Ausruf von Erstaunen
A Maß	1 Liter Bier im Krug
Bursche	Junge, Knaben, junge Männer
Derndl	Mädchen, junge Frau
fesch	hübsch, gutaussehend
Kruzifix	Universalfluch
Gaudi	Spaß, Scherz
Geh Waida.	Das meinst du nicht ernst.

Grüß Gott	übliche Begrüßung
Host mi.	bestärkende Formel, Basta
Ja mei.	Das macht doch nichts.
Prost	Trinkspruch
Seidel	Bierkrug
Schau ma moi.	Die Zukunft wird es zeigen.
Schmarn	So ein Unsinn/Blödsinn.
weng	ein wenig
Schisser	Angsthase
Depp	Idiot

So, das war eine kleine bunte Mischung an bayerischen Wörtern. Jetzt dürften Sie kein Problem mehr haben, die Regensburger, die Ihnen auf Ihrem Städtetrip begegnen werden, besser zu verstehen.

KLISCHEES, DIE DEN HIER LEBENDEN MENSCHEN NACHGESAGT WERDEN

Klischees gibt es in Regensburg auch ein paar. Ohne diese wäre es ja langweilig.

Die typischen Klischees, die man über die Regensburger hört, sind zum einen, dass die Bewohner maulfaul sind. Ja dieses Klischee kann ich bestätigen. Zwar nicht jeder, der hier wohnt, ist maulfaul, dennoch ist mir oft aufgefallen, dass die meisten nicht so viel reden und man ihnen viele Dinge aus der Nase ziehen muss.

Auch wird ihnen nachgesagt, dass sie dumme Bayer wären. Dies kann ich so nicht bestätigen. Denn die Menschen hier sind sehr politisch eingestellt, wirtschaftlich organisiert und auch künstlerisch begabt.

Also Sie sehen schon, nicht jedes Klischee muss stimmen.

CHARAKTEREIGENSCHAFTEN DER REGENSBURGER

Da wir uns schon ganz am Anfang in diesem Kapitel über das Verhalten der Bewohner dieser Stadt unterhalten haben, erzähle ich Ihnen zum Schluss noch etwas über die Charaktereigenschaften der Regensburger.

Regensburger sind sehr verschlossen, geben nicht viel von sich preis. Erst wenn man sie besser kennt, öffnen sie sich. Sie sind ruhige Menschen, die gerne so vor sich hin leben. Aber sie sind, wie bereits erwähnt, sehr hilfsbereite Menschen. Immer stehen Sie einem mit Rat und Tat zur Seite, wenn man sie braucht. Alles in allem freundliche Menschen, die am Anfang etwas mehr Zeit brauchen, um sich zu öffnen.

Attraktionen in Regensburg

Sehenswürdigkeiten von Regensburg dürfen natürlich in meinem Reiseratgeber auch nicht fehlen.

Der St. Peters Dom ist die bekannteste Sehenswürdigkeit von Regensburg. Diesen kann man gar nicht übersehen. Er hat zwei große Türme, die sehr prachtvoll sind. Er ist das Herzstück dieser wundervollen Stadt. Es ist das bedeutendste Bauwerk der süddeutschen Gotik. Im Jahre 1273 gab es bereits die Rohform davon. 102 Meter hoch ist die

Kathedrale. Sie enthält zwei Orgeln. Da der St. Peters Dom für jeden frei zugänglich ist, empfehle ich Ihnen definitiv, ihn einmal genauer zu betrachten. Es gibt auch eine Legende dazu. Diese besagt, dass im Inneren der Kathedrale ein Kreuz mit dem Jesus an einer Mauer hängt. Das Haar der Jesusfigur soll echt sein und immerzu wachsen. Wenn die Haare des gekreuzigten Jesus eine bestimmte Länge erreicht haben, soll die Welt untergehen. Als ich das letzte Mal nachgesehen habe, waren die Haare bis zu den Schultern, welches seine übliche Haarlänge ist.

Aber Sie können ja gerne mal einen Blick drauf werfen, vielleicht sind sie schon ein Stück gewachsen, immerhin sind schon einige Jahre vergangen seit meinem letzten Besuch.

Ebenfalls bekannt ist die Steinerne Brücke. Diese ist die älteste erhaltene Brücke. Im Jahr 1135 wurde sie gebaut. Diese Brücke ist 308 Meter lang. Auch hierzu gibt es Legenden. Diese werden bei der Stadtführung durch Regensburg gerne erzählt.

Wie Legenden? Ja, Sie haben richtig gehört, diese Brücke hat gleich zwei Legenden.

Eine dieser Legenden besagt, dass der Teufel höchstpersönlich dem Brückenbauer geholfen haben soll, diese zu bauen. Denn der Teufel hatte mit dem Dombauer eine Wette abgeschlossen. Der Teufel wollte als Erstes mit dem Bau fertig sein. Als Lohn versprach der Dombauer ihm die ersten drei Seelen, die über diese Brücke gingen. Der Teufel hat die Wette gewonnen. Der Dombauer ließ bei der Eröffnung als Erstes einen Hahn, danach einen Hund und zum Schluss eine Henne über die steinerne Brücke laufen. Der Teufel war außer sich vor Zorn und wollte aus Rache die Brücke zerstören. Doch es gelang ihm nicht, sondern es entstand in der Mitte nur ein Buckel, den man heute noch sehen kann. Dieser Buckel ist das heutige besondere Merkmal dieser, vom Teufel gebauten Brücke.

Die zweite Legende zu dieser Brücke besagt, dass das „Bruckmandel", eine männliche Figur aus Stein, eine Ehrung sei für denjenigen, der den Dombrückenmeister über die Fortschritte des Baus unterrichtet. Allerdings wurde der Bau des Dom erst 100 Jahre später begonnen. Solche Sagen bzw. Legenden gibt es viele für all diese Brücken und stammen aus dem mittelalterlichen Glauben der

Menschen. Denn angeblich kann ein Bau solch einer Brücke, die über das Wasser geht, nur mit Hilfe des Teufels gebaut werden.

Eine weitere besondere Attraktion ist der Bismarckplatz. Auf diesem Platz befinden sich zwei Brunnen, die im Sommer zum Verweilen einladen.

Außerdem gibt es noch einen kleinen besonderen malerischen Ort. Stadt am Hof heißt dieser Teil von Regensburg. Dort gibt es viele bunte Häuschen. Auch gibt es dort wieder eine Auswahl an Bars, Cafés und eine leckere Eisdiele. Es lohnt sich auf jeden Fall, sich diesen Teil auch mal anzusehen. Sie kommen zu diesem Stadtteil über die bereits erwähnte Steinerne Brücke. Na, trauen Sie sich über diese Brücke, nachdem Sie die beiden Legenden dazu gehört haben?

Eine weitere Sehenswürdigkeit ist der goldene Turm. Er ist 50 Meter hoch. Von diesem Turm aus hat man einen tollen Panorama-Ausblick über Regensburg. Der goldene Turm galt als Statussymbol der Patrizierfamilien im 13. Jahrhundert. Je höher dieser war, desto bedeutender war er.

Die Donau darf man natürlich auch nicht vergessen zu erwähnen. Sie lädt zum gemütlichen Zusammensitzen ein. Auch eine Schifffahrt wie z. B. mit der

Kristallflotte ist bestimmt ein besonderes Erlebnis. Diese Fahrt dauert 45 Minuten. Während dieser erhalten Sie sehr viele Infos zu der Studentenstadt. Auf diesem Schiff sind insgesamt eine Millionen Swarovski Kristalle verbaut. Gönnen Sie sich ruhig mal eine Fahrt. Sie werden es nicht bereuen.

Wenn Sie schon an der Donau sind, können Sie sich auch gleich stärken. Denn dort befindet sich die bereits erwähnte Wurstküchl. Dieser Familienbetrieb verkauft dort seit 850 Jahren ihre Spezialitäten.

Wenn Sie zwischendurch auch mal Ihre Ruhe genießen wollen, dann schauen Sie doch mal bei der Jahninsel vorbei. Diese ist eine Halbinsel an der Donau. Die Insel ist ein toller Rückzugsort, wo Sie sich erholen und neue Kraft für Ihren weiteren Städtetrip durch Regensburg tanken können. Auch findet auf dieser Jahninsel jährlich das Jahninselfest statt, wo Livemusik spielt und ein individuelles Entertainment geboten wird.

Wenn Sie ein bisschen Zeit mitgebracht haben, können Sie sich auch mal im Umland umsehen. Dort befindet sich die Befreiungshalle. Diese ist 45 Meter hoch und bietet einen wunderschönen Ausblick über die Donau.

Ebenfalls befindet sich im Umland von Regensburg die bekannte Walhalla. Diese hat insgesamt 358 Treppen. Dort vertreiben sich gerne Jung und Alt die Zeit.

Eine besondere Sehenswürdigkeit ist auch die Burgruine in Donaustauf. Sie ist eine Höhenburg und steht auf einem 424 Meter hohen Bergvorsprung.

Im Mittelalter entwickelte sich Donaustauf zur bürgerlichen Siedlung zum Schutz mächtiger Befestigungslager. Die Entstehungszeit dieser Burgruine war in den Jahren von 914 bis 930.

Im Jahre 1997 wurde sie zum ersten Mal gesichtet und saniert. Bereits seit 500 v. Chr. beherbergte der Burgplatz keltische Befestigungen.

Zwischen 914 und 930 hat der Bischhof Tuto auf diesem Burgplatz eine Burg zur Abwehr errichten lassen. Diese wurde erstmals unter dem Namen quod dicitur stufo erwähnt. Dies war eine altdeutsche Bezeichnung für einen kegelförmigen Fels oder einer Bergkuppe. 1132, 1146 und im Jahre 1161 wurde die Burg von bayerischen Herzögen erobert und teilweise zerstört. Der Regensburger Bischof nutze die Burg als Residenz. 1355 bis 1373 war die Burg im Besitz der böhmischen Krone. Die Stadt

Regensburg nutze die Burg als Gefängnis. Im Jahre 1810 war die Burg im Besitz der bayerischen Stadt, diese trat die Burg dann am 18. März 1812 an das Haus Thurn und Taxis ab. Ein Besuch dieser Burgruine lohnt sich.

Auch sehen Sie gleich von weitem das Gemälde des Goliathhaus, wenn Sie von der Steinernen Brücke aus in die Altstadt schlendern. Es ist wirklich unmöglich zu übersehen, was das Gemälde für eine besondere Bedeutung für die Patrizierfamilien im 13.Jahrhundert hatte.

Zuerst war die Hausburg mit kleinen Türmen und Zinnen ohne dieses biblische Gemälde über den Kampf zwischen David und Goliath versehen.

Im Jahre 1573 wurde das Fresko angebracht. Im 19. Jahrhundert gab es einen sehr hochnäsigen Beamten, der einen kleinen Frosch diesem Kunstwerk hinzugefügt hat. Diesen sieht man bei ganz genauem Hinsehen.

Selbst heute wohnen noch Menschen in diesem Haus. Wenn man als Tourist das Haus des Goliaths sehen möchte, geht das über das beliebte Turmtheater im Gebäude oder man kann die Geschäfte, die sich im Gebäude befinden, ansehen.

Das Porta praetoria befindet sich ebenfalls in der Altstadt von Regensburg. Dies ist die älteste Sehenswürdigkeit dieser wunderschönen mittelalterlichen Stadt. Der römische Kaiser Marc Aurel ließ eine römische Legion auf dem heutigen Gebiet stationieren. Diese Sehenswürdigkeit ist das letzte, was noch von einem römischen militärischen Lager übriggeblieben ist. Dieses Lager wurde im Jahre 179 fertiggestellt.

Das Haupttor ist direkt auf die schöne Donau ausgerichtet. Leider wurde nach und nach die Anlage entfernt. Die Reste der Porta praetoria wurden aber erhalten und in ein bischöfliches Brauhaus mit reingenommen.

Auch der Neupfarrplatz ist eine Sehenswürdigkeit. Dieser Platz ist nur wenige Meter vom Dom entfernt. Das Denkmal an diesem Platz erinnert heute an die ehemalige Synagoge, die sich dort befand.

Auf diesem damalig abgetretenen Judenviertel tummeln sich Kinder und spielen. Aber auch Studenten sammeln sich dort gerne in Grüppchen, um gemütlich beisammenzusitzen. Ein ehemaliger Künstler hat diesen Platz als Ort der Begegnung konzipiert. Auf dem Neupfarrplatz befindenden sich außerdem eine Kirche, eine alte Hauptwache und viele Cafés und auch verschiedene Geschäfte. Ein Museum befindet sich ebenfalls dort. Sie können gerne eine Führung buchen und Ausgrabungen sowie das römische Legionslager bestaunen.

Schauen Sie doch mal vorbei.

Am Haidplatz befindet sich auch das alte Rathaus. Dieses stammt aus dem Mittelalter. Heute bewohnt es der Oberbürgermeister von Regensburg. Direkt daneben können Sie das Reichssaalgebäude sehen. Dort fand der römische Reichstag statt. Ein Reichstagmuseum befindet sich auch auf diesem Platz.

Cafés und Restaurants tummeln sich ebenfalls dort und auch geschichtsträchtige Hotels im barocken Stil finden Sie hier.

Wenn wir schon bei den ganzen Plätzen sind, erzähle ich Ihnen auch gleich etwas über den Bismarckplatz. Dort befinden sich ein Theater, zwei wundervolle Brunnen, wo Sie sich im Sommer ein leckeres Eis von der Kulteisdiele, die übrigens die beste in der Stadt ist, gönnen und sich in einem der beiden Brunnen die Füße abkühlen können.

Es gibt auch eine königliche Villa, diese befindet

sich im Villapark. Die Villa ist aus dem 19. Jahrhundert und liegt östlich der Altstadt an der Donau. Im Jahre 1854 bis 1856 wurde diese als Sommerresidenz von König Maximilian II. errichtet.

Es ist ein sehr prachtvolles Schloss, welches verhindern sollte, dass Regensburg in Vergessenheit gerät, während damals die freie Reichsstadt in das bayerische neue Königreich eingegliedert wurde. Allerdings war der König selbst nur zweimal in diesem Schloss. Es hat eher kleine Räume, aber die Außenfassade ist mit den vielen Details sehr faszinierend.

Zum Schluss habe ich noch eine nicht geschichtliche Sehenswürdigkeit. Diese ist eher für die Fußballfans unter uns. Nämlich die Continental Arena. Diese Arena befindet sich auf dem Galgenberg südlich der Altstadt. Es ist die Spielstätte des Zweitligisten SSV Jahn Regensburgs. Das Stadion umfasst Platz für 15.000 Zuschauer. Die Arena hat als Namenssponsor seit 2015 den Automobilzulieferer Continental.

Erst letztes Jahr, 2019, gewann hier die Frauenfußball-Nationalmannschaft mit 2:0 gegen Chile.

Sie sehen es lohnt sich, wenn Sie ein bisschen mehr Zeit mitbringen, um auch diese tollen Orte besichtigen zu können.

Hotspots in Regensburg

DIE 3 BESTEN/INTERESSANTESTEN HOTELS

Was auch ganz wichtig und nützlich für so einen Städtetrip sein kann, sind sogenannte Insidertipps, welche ich Ihnen nun verraten werde.

Erst einmal empfehle ich Ihnen die meiner Meinung nach 3 besten Hotels dieser Stadt. Da wäre einmal das Soral Insel Hotel. Dieses befindet sich am Ufer der Donau. Von hier aus haben Sie einen super Postkartenblick über die Donau. Das Hotel ist im Stil des 16. Jahrhunderts eingerichtet.

Dann kann ich Ihnen das Orphee Hotel empfehlen. Dieses ist in einem barocken Stil gebaut. Das Hotel befindet sich nur 3 Gehminuten vom Dom und der Altstadt entfernt. Es enthält antikes Mobiliar, unter anderem ein wunderbares Himmelbett. Wer würde nicht gerne in so einem Bett mal eine Nacht verbringen?

Zum Schluss kann ich Ihnen noch das Elements Hotel empfehlen. Das Besondere an diesem Hotel ist, dass es so genannte Themenzimmer hat. Die Themen der Zimmer sind Erde, Feuer und Luft. Es ist bestimmt ein spannendes Erlebnis, in so einem Hotel zu übernachten.

DIE 3 BESTEN/INTERESSANTESTEN RESTAURANTS

Ganz besonders wichtig ist es auch, fürs leibliche Wohl zu sorgen. Hier ist besonders das Restaurant Hans im Glück zu empfehlen. Hier können Sie leckere Burger essen, aber es gibt auch verschiedene andere Speisen.

Wo Sie ebenfalls gut essen können, ist im Ratskeller. Dort gibt es bayerische Gerichte, die Ihnen sicher schmecken werden. Das Restaurant ist in einem urigen Stil gehalten. Es befindet sich mitten im Zentrum und ist in wenigen Minuten zu Fuß zu erreichen.

Außerdem noch sehr zu empfehlen, ist die Pizzeria Losteria. Diese befindet sich auch mitten in der Altstadt. Wenn Sie es lieber italienisch mögen, ist dies die beste Wahl.

Geheimtipps in Regensburg

WAS MAN UNBEDINGT SEHEN MUSS

D a Sie nun einen guten ersten Eindruck von der Stadt Regensburg bekommen haben, erzähle ich Ihnen noch etwas über die Geheimtipps von dieser heutigen Studentenstadt.

Geheimtipps sind, wie ich finde, sehr nützlich und das Besondere daran ist, dass sie nicht jeder kennt und Sie somit vielleicht das ein oder andere dadurch sehen und erleben können, was anderen verborgen bleibt. Somit ist es für Sie ein besonders einzigartiges Erlebnis.

Nun aber genug drum herumgeredet. Kommen wir nun zu den Dingen, die Sie unbedingt sehen sollten. Wie ich bereits in meinem Ratgeber zu Regensburg erzählt habe, hat diese Stadt diese wundervollen kleinen Gässchen. Diese verzaubern einen regelrecht. Sie sollten daher unbedingt Ausschau nach diesen besonderen Gässchen halten.

In diesen Gässchen befinden sich nämlich auch kleine besondere Läden, wo es Sachen gibt, die Sie so woanders nicht kaufen können.

Der kleine Laden „Gänsefüsschen" ist so einer. Dort gibt es viele individuelle Sachen, die es nur in diesem Laden gibt. Es ist immer wieder ein Highlight, dort herumzustöbern.

Dort finden Sie zum Teil schöne selbstgemachte Baby und Kinderkleidung, aber auch andere Sachen wie z. B. verschiedene Kunstdrucke. Hier vergessen Sie regelrecht die Zeit beim Durchstöbern der verschiedenen einzigartigen Dinge.

Solche Lädchen gibt es viele in dieser Stadt, man muss nur ein bisschen danach suchen.

Es gibt sogar einen Wechselladen in Regensburg. Diesen finde ich besonders toll. Dort bringen die Leute ihre Sachen hin, die Sie nicht mehr brauchen. Unter anderem Kleidung, aber auch alte Spiele, Bücher oder elektrische Geräte und kleine Möbel. Auch die kleine Ecke zum Zusammensitzen und Plaudern wirkt sehr einladend.

Reinschauen, stöbern und kostenlos mitnehmen oder selbst etwas Vorbeibringen, was man nicht mehr braucht und anderen damit eine Freude bereiten kann. Ich finde, das ist eine sehr tolle Sache und empfehle Ihnen deshalb, dass Sie dort unbedingt mal reinschauen sollten.

Was nun ganz neu eröffnet hat, ist das Katzen-Café. Wer Katzen liebt und sich vegan ernährt, kommt hier voll auf seine Kosten. Dort kann man bei einer gemütlichen Tasse Kaffee oder Tee mit einem Stück veganen Kuchen die Katzen beobachten, mit ihnen kuscheln und spielen.

Der Katzentempel gibt Katzen, die vom Tierschutz oder dem Tierheim kommen, ein neues Zuhause. Es ist auf jeden Fall ein ganz besonderes Erlebnis.

Auch sollten Sie in einem der vielen Parks in Regensburg einmal spazieren gehen. Besonders schön finde ich den Herzogspark. Dieser befindet sich am Stadtrand. Dieser Name des Parks stammt von der

Schwester des Fürsten Mavi Karl. Seine Schwester nutzte den Park als Residenz. Er hat eine Fläche von 1,5 ha. Dort gibt es sehr viel Kunst und Baudenkmäler verschiedener Epochen zu entdecken und bestaunen.

Ein Besuch im Schloss Thurn und Taxis ist ebenfalls lobenswert. Das ist ein sehr bekanntes Schloss der schönen bayerischen Stadt. Erstmal erzähle ich kurz die Geschichte des Schlosses.

Das Schloss ist auch bekannt unter dem Namen St. Emmeram. Ende des 19 Jahrhunderts fand ein Umbau des Schlosses statt, welches früher ein Kloster war. Der Umbau fand unter Aufsicht und Planung des Fürsten Maximilian Maria von Thurn und Taxis und vom Baumeister Max Schultze statt.

Der Südflügel wurde abgerissen und ein Neubau des 150 Meter langen Südflügels hatte gerade begonnen, als der Fürst Maximilian Maria mit 23 Jahren starb. Der Bruder des Fürsten, Albert von Thurn und Taxis, schloss den Bau im Jahre 1888 ab. Die gesamten Kosten des Neubaus betrugen 2.100.500 Mark.

Weitere Baumaßnahmen fanden im 20. Jahrhundert statt. Der alte Bauernhof, der noch vom

Kloster übrig war, wurde abgerissen und ein Hofmarstall wurde errichtet.

2005 wurde dann der komplette Innenhof überdacht. Eine Gasthausbrauerei mit Blick auf die Fürstenhalle wurde ebenfalls gebaut.

Der dazugehörige Schlosspark ist erst gegen Ende des 18. Jahrhunderts und im Laufe des 19. Jahrhunderts entstanden. Dieser enthält einen Rest der Stadtmauer. Das Parkgelände wurde später an Fürst Karl Alexander verkauft. Seine Frau Theresa von Mecklenburg ließ ein kleines Gartenschlösschen errichten.

Heute ist der Schlosspark zwar nicht frei zugänglich, aber es finden jährlich Veranstaltungen sowie eine Gartenschau statt. Seit 2001 gibt es auch den wunderschönen Weihnachtsmarkt. Dort gibt es mittelalterliches Handwerk zu bestaunen, aber auch Köstlichkeiten und andere diverse Sachen. Auch ein Lagerfeuer, an dem man sich an den kalten Wintertagen beim Besuch des Marktes die Hände wärmen kann, ist vorhanden.

Heute kann man das Schloss besichtigen. Dazu gibt es ein Schlossmuseum. Bei dieser Besichtigung können Sie die Prunkräume, Wandteppiche und

Inneneinrichtung besichtigen. Aus dem Palais von Thurn und Taxis war der Kreuzgang erhalten geblieben, diesen bekommen Sie bei der Führung durch das Schloss ebenfalls zu sehen. Ein Marstall mit alten historischen Kutschen und die fürstliche Schatzkammer sind auch bei der Führung durch das St. Emmerams Schloss enthalten. Ebenso können Sie im Museumsshop Souvenirs kaufen.

Auch für private Feierlichkeiten oder für bestimmte Firmenevents kann man einige Räume des imposanten Schlossen buchen.

Heute ist das Schloss durch die Angehörigen der Thurn und Taxis Familie bewohnt.

Eine Schlossführung durch das Schlossmuseum ist auf jeden Fall sehr empfehlenswert. Bei dieser Führung habe ich mich damals wie eine kleine Prinzessin gefühlt, daher meine persönliche Empfehlung.

Wenn Sie gerne Abenteuer lieben, dann gibt es in der Nähe von Regensburg, im Ort Velburg, eine Tropfsteinhöhle. Diese Höhle wurde am 30. September 1895 entdeckt. Auch ein weiterer Teil der Höhle, die Adventshalle, wurde 77 Jahre später entdeckt. Eine lange Treppe führt ins Höhleninnere. Sie ist 270

Meter lang. Als Besucher können Sie viele Stalagnaten mit Stalagmiten und zusammengewachsenen Stalaktiten bestaunen. Ebenfalls zu bewundern sind die Sinterbecken.

Der Höhepunkt dieser Führung durch die Höhle ist die Adventshalle. Die Halle ist der schönste Teil der Tropfsteinhöhle. Die Temperaturen liegen bei 8 Grad, auch im Sommer. Die Führung selbst dauert ca. 45 Minuten und lohnt sich auf jeden Fall. Die Öffnungszeiten sind von April bis Oktober.

Sie können aber auch in Regensburg zur Uni fahren, denn da befindet sich der Botanische Garten, was Ihnen auch ein Naturfeeling verschafft. Der Park befindet sich an der Straße des Bioparks. Im Jahre 1977 wurde dieser errichtet und hat eine Fläche von 4,5 Hektar. Es gibt mehrere Bereiche zu bestaunen, wie z. B. der Auenwald oder Felsengarten. Der Schwerpunkt liegt auf den Götterblumen. Wenn Sie gerne Blumen mögen, ist dies ein Ort, der Ihnen bestimmt sehr gefallen dürfte.

Auch auf dem Unigelände selbst befindet sich ein Park, wo Sie sich auf eine Bank setzen und Ihre Ruhe genießen können.

Wenn Sie Tiere lieben, habe ich auch noch etwas für Sie. Auf dem Sallerner Berg, den Sie ohne Probleme mit öffentlichen Verkehrsmitteln erreichen können, befindet sich eine Kinder- und Jugendfarm. Auch Erwachsene sind herzlich willkommen. Bei dieser Farm geht es darum, den Tieren ein Zuhause zu geben, aber auch den Menschen den Aufenthalt in der Natur näherzubringen. Den Kindern wird hier ein verantwortungsbewusster Umgang mit Tieren beigebracht. Aber auch wir Erwachsene können auf diesem Gebiet noch einiges lernen.

Auf dieser Farm gibt es Minischweine, Schafe, Zwergziegen sowie Meerschweinchen und Kaninchen. Statten Sie doch den süßen Tierchen einen Besuch ab, wenn Sie schon in der Nähe sind.

INSIDERTIPPS

Es gibt auch so genannte Insidertipps, die ich Ihnen selbstverständlich nicht vorenthalten möchte.

Mir persönlich gefällt von allen Stadtführungen, die es in Regensburg gibt, die Führung der Stadtmaus am besten. Sie erklären alles gut und verständlich. Außerdem gehen sie auch an Orte, wo andere

Führungen nicht hingehen. Somit entdecken Sie bei dieser Tour durch die schöne altertümliche Altstadt viel mehr als bei anderen.

Auch kann man dort verschiedene Führungen mit bestimmten Themen buchen. Speziell für Kinder oder eine Erlebnisführung zu einem bestimmten Zeitalter gibt es dort. Die Auswahl ist wirklich sehr groß, da ist bestimmt auch für Sie etwas Passendes dabei.

Die Dreieinigkeitskirche inmitten der Altstadt ist auch ein besonderer Ort, denn in der Kirche befindet sich ein Turm. Von diesem Turm aus haben Sie eine fantastische Aussicht über die ganze Stadt.

Ein besonderer Ort dieser tollen Stadt ist die alte Mälzerei. Diese ist Kult in Regensburg. Sie wurde im Jahre 88 gegründet. Dort treffen sich alle Menschen, egal welchen Alters und welcher Herkunft. Jeder ist in der Mälze willkommen und für jedermann ist etwas geboten. Denn dort gibt es Reggae und Rock, aber auch Theater und Tanz. Auch besonders ist, dass Nachwuchskünstler die Chance bekommen, auf einer Bühne aufzutreten.

Dann gibt es noch etwas ganz Tolles, nämlich die Kreativwerkstatt „Degginger". Diese Location befindet sich direkt inmitten der Altstadt. Hier finden Konzerte, Ausstellungen sowie Lesungen statt. Damit Sie diese nicht verpassen, gibt es einen übersichtlichen Programmplan.

Ein ganz besonderes Schmankerl will ich Ihnen noch ans Herz legen und verraten. Dieses habe ich nur bei den normalen Cafés nicht verraten, da es wirklich etwas Besonderes ist und ich es deshalb als Geheimtipp für Sie aufgehoben habe. Das kleine Café „Die Couch" befindet sich in der Fröhliche–Türken-Straße. Diese Location reiht sich bei den kleinen Geschäften und Restaurants, die in dieser Straße sind, ein. Im Inneren gibt es teilweise Möbel von Flohmärkten oder aus privatem Haushalt. Hier können Sie auf einer gemütlichen Couch Platz nehmen, nett beisammensitzen und sich über Gott und die Welt unterhalten. Es hat eine ganz besondere Atmosphäre.

Eine absolute Kultbar ist die Banane. Es ist eine Szenenbar, wo sich Menschen verschiedenster musikalischer Kulturen treffen und gemütlich zusammensitzen, bei einem alkoholischen Getränk. Aber es gibt selbstverständlich auch alkoholfreie Getränke. Im Hintergrund läuft Rammsteinmusik und andere Rock- und Alternativbands. Bei der Deko dieser Kultkneipe ist von Spinnen bis zu Totenköpfen alles dabei.

Ebenfalls hat diese Kneipe einen Biergarten. Dort kann man in lauen Sommernächten bei einem kühlen Bier unter einer Friedhofsatmosphäre den Abend genießen. Hach ich liebe diese Bar. Wenn Sie auch mal eine etwas andere Bar kennenlernen wollen, dann schauen Sie doch mal vorbei.

Aber am besten finde ich einen schönen Abend bei einem Spaziergang an der Donau. Danach bei einer naheliegenden Bar wie Orange oder das Mood sich einen Cocktail to go mitnehmen und sich an die Donau setzen. Aber auch mit einer Decke bei der Jahninsel sich ins Gras legen und im Sommer das Zirpen der Grillen hören, finde ich eine fantastische Sache.

GEHEIMER ORT

Es ist zwar nicht unbedingt ein geheimer Ort, ich finde aber, dass es hier sehr gut reinpasst. Denn dieser Ort ist nicht geheim, aber gruselig.

Es geht um das historische Schloss Weichs. Es liegt nördlich der Stadt Regensburg. In diesem Schloss haben sich gruselige Geschichten zugetragen, die von den Regensburgern und auch von Touristen, die an diesem Ort waren, erzählt wurden.

Erstmal zum geschichtlichen Teil des Schlosses. Ehemals war es die Niederungsburg, die von den Rittern von Weichs gebaut wurde. Zum ersten Mal in der Geschichte kam sie im Jahre 1220 vor. Im Jahre 1280 kamen die Bayerischen Herzöge in Besitz dieses Schlosses. Dann verpfändeten sie dieses an Patrizierfamilien wie die Familie Gumprecht. Nach dem Jahre 1500 erschienen die Böhmischen Grafen Guttenstein auf dieser damaligen Burg. Im Jahre 1516 ließ Heinrich von Guttenstein einen Graben und eine Mauer um das Schloss errichten. Danach wurde das Schloss wieder weiterverkauft, bis 1601 das Schloss Weichs zurück an das Kurfürstentum Bayerns ging. Es wurden viele Baumaßnahmen an dieser Burg vorgenommen, sogar eine Brauerei wurde ins Schloss integriert. Im Sommer 1634 wurde dann das Schloss bei den Kämpfen um Regensburg zerstört und wieder aufgebaut. 1704 wurde es dann von französischen und bayerischen Truppen besetzt, die das Schloss Weichs als Hauptquartier nutzten. Heute befindet sich das Schloss in privatem Besitz und wird für Ferienwohnungen und Ferienappartements genutzt.

Das Schloss selbst hat drei Stockwerke und eine Vierflügelanlage. Es besitzt Staffelgiebel, Dachreiter und einen Erker. Es ist spätgotisch aus dem 16. Jahrhundert. Im 17. und 18. Jahrhundert wurde es modernisiert. Es befinden sich heute noch die Reste aus dem späten Mittelalter wie die Schlossmauer sowie der Graben auf der Nordseite aus dem Spätmittelalterlichen.

Nun aber zu den gruseligen Geschichten, die man sich hierzulande über dieses Schloss erzählt. Urlauber berichten immer wieder von dem Geist eines kleinen Mädchens im braunen Gewandt, wie es zur früheren Zeit üblich war. Dieser Geist schwebt draußen vor dem Fenster umher und schaut immer wieder ins Fenster herein. Dabei hat das Mädchen einen sehr verzweifelten Blick und es sieht so aus, als würde sie im Inneren nach etwas oder jemandem suchen.

Auch soll es in einer Nacht vorgekommen sein, dass im Appartement von Graf Heinrich Guttenstein, der im 16 Jahrhundert der Eigentümer dieses Schlosses war, die Schwerter und Säbel, die an der Wand hingen, heruntergefallen sind. In dieser besagten Nacht ist auch die Uhr exakt um 1:45 Uhr stehen geblieben, dies war der damalige Todeszeitpunkt des Grafens.

Man ging der Sache nach und fand heraus, dass sich zu der Zeit des 30–jährigen Krieges vor dem Schloss ein Friedhof befand. Hauptsächlich waren dort Kinder begraben, was den Geist des kleinen Mädchens erklären würde. Bis heute behaupten die Besucher, dass es dort spuken würde und man seltsame Geräusche wie Schritte hörte.

Glauben Sie daran? Oder denken Sie, es ist alles nur erfunden? Warum machen Sie sich nicht selbst ein Bild davon und buchen eine Übernachtung in diesem Schloss? Viel Spaß beim Gruseln.

Und weil es so schön ist, kommt hier noch ein Schloss, wo es angeblich spuken soll. Hier handelt es sich um das Schloss in Wolfsegg.

Dieses Schloss thront mitten im Ort auf einem Felsen. Mit dem halbrunden Mauerturm und einer hohen Umfassungsmauer des Burghofes ist es sehr interessant anzusehen. Es handelt sich dabei um eine Adelsburg aus dem späten Mittelalter.

Die Burg hatte eine weitere Mauer, diese wurde aber zerstört. Durch Überbauten der Mauer ist sie noch etwas zu sehen.

Auch befindet sich in der Nähe die Burgkapelle, die den Bewohnern aus dieser früheren Zeit als Kirche diente. Im 15. Jahrhundert wurde die Burg erbaut und von Herrn Laaber geführt. Aber bereits im darauffolgenden Jahrhundert hatte sie kaum mehr eine Bedeutung. Es fanden Umbauten statt und im Jahre 1933 kaufte Georg Rauchenberger diese Burg und führte Baumaßnahmen der Erhaltung durch. Seit 1973 ist ein Museum entstanden, wo man die Burg besichtigen kann. Auf dieser finden auch jährliche Festspiele statt.

Wie bereits angekündigt, gibt es aber auch zu dieser Burg eine Gruselgeschichte. Die weiße Frau treibt auch hier ihr Unwesen. Die Sage ist auf das 15. Jahrhundert zurückzuführen. Bei der weißen Frau handelt es sich um Klara von Helfenstein. Sie war mit dem Burgherrn Ulrich von Laaber verheiratet. Sie hatte sich auf eine Affäre mit Georg Moller von Hammermühle eingelassen, daraufhin tötete sie ihr Mann. Seitdem soll sie als ruheloser Geist in den Gemäuern herumwandern.

Ebenfalls wird von Lichterscheinungen auf dieser Burg berichtet sowie von unerklärlichen Geräuschen. Die Geräusche kommen aus der Höhle, die damals von den Wilderern benutzt wurde, um dort ihre Beute zu verstecken.

Na, reicht es Ihnen nun?

Die Anreise

DER BESTE ANREISEWEG

Da ich bestimmt Ihr Interesse nun sehr geweckt habe, einen Städtetrip in diese wundervolle Stadt zu machen, will ich Ihnen noch erklären, wie Sie am besten nach Regensburg kommen.

Zuerst einmal ist es wichtig, dass man sich bei jeder Reise, egal ob es für längere Zeit, für ein paar Wochen oder nur für ein Wochenendtrip ist, sich auch mit dem Thema Umwelt auseinandersetzt.

Denn jeder kann einen Teil dazu beitragen, unsere Umwelt zu schützen. Auch bei Reisen gibt es einiges, was man beachten sollte, damit man dies berücksichtigt.

Hier fängt es schon bereits bei Ihnen zu Hause vor der Abreise an. Einige wichtige Dinge, die Sie hierbei beachten sollten, sind zum einen, dass Sie alle Lichter im Haus ausschalten, um den Stromverbrauch zu reduzieren. Auch sollten Sie drauf achten, dass alle Heizungen ausgeschaltet oder im Winter auf niedriger Stufe eingestellt sind. Denn im Winter ist es wichtig, dass Sie die Heizung nicht ganz ausschalten, denn sonst kühlt die Wohnung aus und Neuaufwärmung der Räume schadet wieder mehr der Umwelt.

Beim Packen gibt es ebenfalls Dinge, die Sie beachten sollten. Das minimalistische Packen verbraucht weniger Kraftstoff, denn jedes Kilo mehr im Koffer oder im Rucksack verbraucht wieder mehr Kraftstoff. Also nehmen Sie nur das mit, was Sie auch wirklich benötigen.

Da wir möglichst leicht reisen wollen, um den besagten Kraftstoffverbrauch zu reduzieren, sollten wir kleine Reisegrößen an Shampoos, Duschgelen etc. mitnehmen und daher auf die normalen Größen verzichten. Auch wieder befüllbare Fläschchen sind sehr praktisch und umweltschonend, denn diese können Sie bei Ihrer nächsten Reise oder Städtetrip wiederverwenden und vermeiden somit unnötigen Plastikmüll.

Auch sollten Sie darauf achten, dass Sie bei Elektrogeräten wiederaufladbare Akku-Batterien benutzen, denn so landen sie nicht einfach im Müll. Natürlich bekommt man auf so einem Trip auch ganz schön Durst. Hier sollten Sie auf jeden Fall eine wiederverwendbare Trinkflasche benutzen. Die gibt es heutzutage in einem sehr schicken Design und diese sind sogar noch isoliert, was im Sommer und im Winter ganz praktisch sein kann, denn im Sommer bleiben die Getränke darin kühl und im Winter haben Sie immer ein warmes Getränk dabei. Vermeiden Sie daher umgehend Plastikflaschen, denn diese tragen unter keinen Umständen dazu bei, die Umwelt zu schützen. Viele Plastikpartikel landen im offenen Meer, wo die Fische diese Partikel dann fressen und daran sterben.

Beim Transportmittel sollten Sie auch Acht geben. Innerhalb Deutschlands gibt es die Möglichkeit, mit Fernbussen ans Ziel zu kommen. Diese sind sehr umweltfreundlich. Bei FlixBus gibt es sogar einen Klimaschutzbeitrag.

Sie können aber auch Carpooling benutzen. Auf der Plattform BlaBlaCar gibt es Fahrgemeinschaften, wo Sie mitfahren können. Hierbei können Sie gleich neue Leute kennenlernen und sich über Ihre Reiseziele und Erfahrungen austauschen.

Beim Trip durch Regensburg lege ich Ihnen ans Herz, dass Sie die öffentlichen Verkehrsmittel benutzen. Sie können mit dem Bus fahren, sich ein Fahrrad ausleihen oder aber auch mit dem E–Roller durch die City düsen.

Beim Fahrradverleih in Regensburg würde ich Ihnen Rent a Bike empfehlen. Dieser Verleih ist direkt beim Bahnhof, daher sehr gut, wenn Sie mit dem Zug anreisen. Die Firma verleiht seit 1. April 1998 Fahrräder. Das Sortiment ist sehr groß und qualitativ hochwertig.

Dort gibt es nicht nur Fahrräder, sondern Sie können sich dort auch noch passendes Zubehör kaufen oder sogar Ihr eigenes Fahrrad reparieren lassen.

Auch gibt es neuerdings die so genannten E-Scooter. Diese sind an mehreren Standorten in der Regensburger Altstadt verteilt. Um diese benutzen zu können, müssen Sie sich eine App namens Wamo auf Ihrem Handy herunterladen und installieren. Mit dieser App können Sie sich dann so einen Scooter ausleihen. Es befindet sich eine Karte in dieser App, wo Ihnen anzeigt wird, wo gerade ein Roller zur Verfügung steht. Diesen können Sie sich dann nehmen und bequem damit herumfahren. Zum Schutz sollten Sie einen Helm tragen und natürlich nicht unter Alkoholeinfluss dieses Kleinfahrzeug benutzen, um sich und andere nicht in Gefahr zu bringen.

Wenn Sie mit dem Flugzeug reisen wollen, sollten Sie drauf achten, dass Sie sich eine Airline suchen, die sich für den Klimaschutz einsetzt. Eine Airline, die sich dafür einsetzt, wäre die Atmosfair oder die Flugline Myclime. Bei jedem Flug wird das Geld der Touristen in Umweltschutzprojekte investiert.

Das ist eine tolle Sache, die man auf jeden Fall unterstützen sollte.

Auch sollte man, egal ob mit der Bahn, mit dem Auto oder dem Flugzeug, eine Direktstrecke nehmen. Denn je weniger Stopps gemacht werden müssen, desto weniger wird an Treibstoff verbraucht.

Nun kommen wir zur Unterkunft. Es gibt sehr viele Hotels, die auch dafür stehen, unsere Erde zu schützen und diese zu erhalten. Beim Buchen des

Hotels sollten Sie drauf achten, dass es ein Umweltzertifikat besitzt.

Eine geeignete Unterkunft in Regensburg wäre das 7 Continents Hotel. Dieses befindet sich in Neutraubling bei Regensburg. Das Hotel wurde im Jahre 2014 neu eröffnet. In der Nähe befindet sich das Naherholungsgebiet. Dort gibt es Seen zur Entspannung, es hat eine ruhige Lage, wo Sie sich super erholen und neue Kraft tanken können.

Es besitzt Nichtraucherzimmer und hat einen schönen Steingarten. Das Hotel arbeitet auch mit einer umweltfreundlichen Energietechnik.

Sie können aber auch zelten. In der Studentenstadt gibt es einen tollen Campingplatz. Der Campingplatz Azur befindet sich beim Weinweg Richtung Prüfening. Der Platz zum Zelten liegt am Ufer der Donau und ist nur 3, 5 Kilometer vom Stadtzentrum entfernt.

Sie können den Campingplatz mit öffentlichen Verkehrsmitteln erreichen. Mit der Buslinie 11 oder der Linie 6 können Sie direkt bis zum Tor des Platzes fahren. Es befindet sich zudem ein ganz toller Donauweg in der Nähe, wo sie eine Fahrradtour machen können oder einfach spazieren gehen und die

Natur genießen können.

Außerdem sollten Sie die Umgebung am besten zu Fuß erkunden. Sollten Sie dennoch mal für etwas längere Strecken einen fahrbaren Untersatz benötigen, empfehle ich Ihnen zum Beispiel eine Autovermietung, welche auch Zertifikate besitzt.

In der Umgebung befindet sich zum Beispiel der tolle Wildpark. Dieser ist außerhalb von Regensburg im Ort Teublitz zu finden. Der Eintritt ist kostenlos und für Groß und Klein geeignet.

Es befinden sich sehr viele einheimische Tiere in diesem Park. Unter anderem Rot- und Damhirsche, Wildschweine, Mufflons, Esel und noch viele mehr.

Das Füttern dieser Tiere ist mit geeignetem Futter erlaubt. Dazu stehen spezielle Futterautomaten bereit. Auch Ihren eigenen Hund dürfen Sie mitbringen, hierbei ist nur eine Leinenpflicht zu beachten.

Außerdem bietet der Park eine große Pflanzenwelt mit verschiedenen bunten Blumen. Wirklich sehr schön anzusehen. Auch einen Bauerngarten gibt es. Dort finden sie eine Vielzahl an Gemüsesorten. Einen Kräutergarten gibt es ebenfalls. Hier befinden sich verschiedene Kräuter, die Sie bei einer Kräuterkunde näher kennenlernen können. Sie können in diesem Bereich des Parkes Ihre Sinne verzaubern lassen und sich Inspirationen für Ihren eigenen Garten oder Balkon holen, falls Sie einen besitzen. Wie ich finde eine sehr feine Sache.

Im ganzen Park steht Ihnen auch ein kostenloses WLAN zur Verfügung, was in der heutigen Zeit, wo jeder ein Smartphone besitzt, um Erlebnisse und schöne Fotos auf Instagram posten zu können, sehr wichtig sein kann.

Dies ist ein schöner Ort, an dem Sie die Natur genießen können und es in Ihnen nochmal in Erinnerung ruft, wieso es so wichtig ist, auf die Umwelt zu achten und diese zu schützen. Deshalb fand ich es wichtig, diesen Wildpark hier in dieser Rubrik zu erwähnen.

Nun kommen wir zur Anreise. Regensburg erreichen Sie am besten mit Schnellzügen, aber auch mit der Regionalbahn. Durch die Anreise mit dem Zug haben Sie eine direkte Verkehrsanbindung, wo Sie vom Bahnhof aus die Altstadt problemlos zu Fuß erreichen können.

Sie können auch für Ihre Anreise den bereits erwähnten Fernbus nehmen. Die Reise mit einem Fernbus ist stressfrei und sehr komfortabel. Denn die meisten Fernbusse haben gemütliche Schlafkojen und sind klimatisiert. Auch machen Sie zwischendurch Pausen, wo man sich an Raststätten eine Kleinigkeit zur Stärkung kaufen und sich die Beine vertreten kann, was bei langem Sitzen sehr guttun kann. Ich spreche aus Erfahrung.

Diese Fernbusse kommen ebenfalls in Regensburg an einer Bushaltestelle, meist ist es die Haltestelle Nr. 16, am Bahnhof an.

Auch mit dem Auto können Sie natürlich bequem Regensburg erreichen. Hier haben Sie ebenfalls eine sehr gute Verkehrsanbindung. Ich nenne hier mal einige mögliche Wege.

Die Autobahn A 93 von München – Regensburg – Weiden – Hof – Dresden wäre eine Möglichkeit. Sie können aber auch über die Bundesstraßen fahren. Es gibt die Straßen B8, B15, B16.

In Regensburg gibt es mehrere Parkhäuser, wo Sie günstig parken können. Ein Parkhaus befindet sich direkt in der Nähe des Bahnhofes beim Castra Regina Center. Dabei handelt es sich um den DB Bahn Parkplatz. Dieser ist 24 h für Sie geöffnet.

WELCHE VERKEHRSANBINDUNG IST SINNVOLL?

Welche Verkehrsanbindungen es gibt, haben Sie bereits erfahren. In diesem Teil des Reiseratgebers möchte ich Ihnen nochmal zusammenfassend sagen, welche die sinnvollste wäre. Sie dürfen sich natürlich Ihre eigene freie Meinung bilden und den Reiseweg wählen, der für Sie am besten geeignet ist. Dies ist lediglich eine Empfehlung meinerseits an Sie.

Da wir bereits erwähnt haben, dass wir auch beim Reisen auf die Umwelt Acht geben müssen, werde ich hier nicht mehr genauer darauf eingehen. Mein Tipp ist daher, den Fernbus zu wählen. Der FlixBus wäre eine sehr sinnvolle Option. Außer dem umweltlichen Aspekt ist er zudem günstiger als eine Reise mit der Bahn. Die Reise mit dem Fernbus ist komfortabel und man lernt neue Leute auf dieser Reise kennen.

Zudem ist die Verkehrsanbindung nach Regensburg die beste, denn der Halt am Hauptbahnhof ermöglicht es Ihnen, von dort aus die Altstadt bequem zu Fuß zu erreichen. Dies erspart Ihnen das Umsteigen auf öffentliche Verkehrsmittel und Sie werden bestimmt zu Fuß auch viel mehr sehen können, was

Ihnen bei einer Fahrt mit dem Bus vielleicht entgehen würde.

Aber letzten Endes bleibt es Ihnen überlassen, welchen Weg bzw. welches Transportmittel Sie nehmen möchten.

Das Budget

BUDGET FÜR EINEN TAG IN DIESER MITTELALTERLICHEN STADT

N atürlich spielt auf so einer Reise auch das Budget eine große und wichtige Rolle.

Ich habe mal für Sie grob zusammengerechnet, was Sie ungefähr bei einem eintägigen Städtetrip nach Regensburg benötigen.

Eine kleine Auflistung:

Diese beinhaltet natürlich nur ungefähre Preise, da so ein Trip sehr individuell von jedem Einzelnen gestaltet werden kann. Beginnend mit der Wahl des Transportmittels bis hin zur Übernachtungsmöglichkeit.

Ticket (Flixbus)	15,00 €
Verpflegung	60,00 €
Stadtführung	20,00 €
Schifffahrt	18,00 €
Übernachtung	80,00 €
Gesamtkostenüberblick	193,00 €

Dies soll Ihnen einen kleinen Überblick verschaffen, was Sie ungefähr für einen Tag in Regensburg an Geld benötigen.

TIPPS FÜR DEN KLEINEN GELDBEUTEL UND DIE SPARFÜCHSE UNTER IHNEN

Spartipps habe ich auch für Sie auf Lager. Sie können zum Beispiel in dem Restaurant „Peppers" günstig essen. Peppers bietet immer wieder sehr günstige Angebote, wo Sie bestimmt etwas Passendes finden werden. Das Lokal befindet sich am Haidplatz und Sie können es daher perfekt zu Fuß erreichen.

Auch beim Übernachten können Sie deutlich Geld sparen. Anstelle eines Hotels empfehle ich Ihnen als günstigere Alternative ein Zimmer in einer

Jugendherberge.

Dafür eignet sich die Herberge DJH. Die Lage ist in der Nähe vom Donaueinkaufszentrum in der Wöhrdstraße. Außerdem können Sie zu Fuß gleich die Bucht erreichen. Eine kleine Insel in der Donau. Dort kann man sich wunderbar erholen, indem man sich mit einer Decke ins Gras legt und ein spannendes Buch liest, vielleicht sogar meinen Ratgeber?

Die Herbergsübernachtung ist wirklich eine günstige Alternative und kostet zwischen 10 und 20 Euro inklusive Bettwäsche und Frühstück. Sogar ein warmes Mittagessen kann man dazubuchen.

Einen schönen Filmabend können Sie sich in der Filmgalerie mit leerem Beutel machen, dort kostet ein Ticket nur 6,00 €.

Wenn Sie Student sind, gibt es in der bekannten Studentenstadt sehr viele Angebote.

Das Turmtheater in Regensburg gewährt den Studenten 8,00 € auf das Ticket. Im Studikino gibt es bereits einen Filmabend für 1,50 €. Auch im erwähnten Filmkino zahlen Studenten nur 4,00 bis 5,00 € für ein Kinoticket.

Im Historischen Museum kostet der Besuch für Studenten nur die Hälfte des eigentlichen Preises.

In der Mischbar können Sie als gesundheitsbewusster Student leckere Salate bereits ab 5,40 € essen.

Sie sehen, in der für die große Anzahl an Studenten bekannten Stadt, ist sehr viel geboten für die Sparfüchse.

Abschluss

Zum Schluss habe ich noch etwas Außerge-
wöhnliches für Sie, was so normalerweise
nicht in einem Reiseratgeber vorkommt,
aber dieser ist ja etwas ganz Besonderes.

Ich habe mir die Mühe gemacht und Ihnen einen
Fragebogen mit Fragen zum Inhalt dieses Ratgebers
erstellt. Die Lösungen finden Sie im Reiseratgeber
selbst. Wenn Sie gut aufgepasst und alles gut durch-
gelesen haben, dürfte Ihnen die Beantwortung dieser Fragen nicht sehr schwerfallen.

FRAGEBOGEN ZU MEINEM REISERATGEBER

Wo liegt die Stadt Regensburg genau? (mit Himmelsrichtung)

_____

An welches Land erinnert Regensburg?

_____

Welche Zeitalter kommen in der geschichtsträchtigen Stadt vor?

_____

Wie heißt das Römische Tor?

_____

Wie heißen die beiden Parks, die in diesem Reiseratgeber vorkommen?

_____

Wie heißt der älteste Chor der Welt?

_____

Wie alt ist die Geschichte von Regensburg?

_____

Unter welchem ältesten Namen ist Regensburg bekannt?

_____

Wie hieß das römische Legionslager?

_____

In welchem Jahrhundert wurde die Steinerne Brücke gebaut?

_____

Für welche Brücke war die Steinerne Brücke Vorbild?

_____

Von welchem Land wurde die Stadt im 30–jährigen Krieg gestürmt?

_____

Wie viele Todesopfer gab es beim Luftangriff 1943?

_____

In welchem Jahr wurde die Römerstadt zur Großstadt?

_____

Wie nannte man Regensburg zur Römerzeit?

_____

Wie viele Soldaten haben die Donaugrenze verteidigt?

_____

Was ist die bekannteste Sehenswürdigkeit?

_____

Wie hoch ist der Dom?

_____

Welche zwei Sehenswürdigkeiten gibt es im Regensburger Umland?

_____

Nennen Sie 3 Dinge für umweltfreundliches Reisen?

_____

So, nun reichen aber die Fragen. Na, können Sie alle beantworten oder müssen Sie spicken?

Auf der nächsten und damit letzten Seite des Reiseratgebers habe ich für Sie nochmal ein paar interessante Fakten zusammengefasst.

SPANNENDE FAKTEN ZU REGENSBURG

- Mit 150.000 Einwohnern ist Regensburg die 4. größte Stadt Bayerns.
- Es gibt in dieser Stadt 18 Stadtbezirke.
- Der älteste Smiley kommt aus Regensburg. Punkt – Punkt – Komma – Strich.
- Im Jahre 1963 wurde ein ältestes Exemplar des Smiles im Historischen Museum ausgestellt.
- Ein Asteroid wurde nach der Domstadt benannt. Er heißt Hauptgürtelasteroid Ratisbona. Er wurde 1920 entdeckt und hat einen Durchmesser von 68 Kilometern.
- Etwas auf die lange Bank schieben, dieses Sprichwort kommt aus dem Regensburger Reichstag. Dort war die lange Bank die Sitztruhe, wo auch Akten verstaut wurden.

- Thurn und Taxis ist das größte bewohnbare Schloss ganz Deutschlands.
- Der älteste Imbiss der Welt ist die Wurstküchl.
- Regensburg hat ca. 2.000 Studierende. Die Zahl dieser Studenten würde für eine Bevölkerung einer eigenen Stadt reichen.
- Regensburg hat die meisten Geschlechtertürmer.
- Das größte Basketballstadion steht in Regensburg.
- Regensburg wird die nördliche Stadt Italiens genannt.

Dies waren nun noch ein paar spannende Fakten. Damit sind wir nun auch schon am Ende angekommen und ich hoffe, Ihnen hat der etwas anders gestaltete Ratgeber gefallen und Sie sind nicht wie bei all den anderen Reiseratgebern eingeschlafen.

Ich wünsche Ihnen nun viel Spaß bei Ihrem Städtetrip und hoffe, Sie können viel mitnehmen und finden die Stadt Regensburg genauso toll wie ich.

Herstellung und Verlag:

BoD – Books on Demand, Norderstedt

ISBN: 9783751959728

Kontakt: Psiana eCom UG/ Berumer Str. 44/ 26844 Jemgum

Covergestaltung: Fenna Larsson

Coverfoto: depositphotos.com